TEXAS FUENTE DE ESCRITURA

Guía de ortografía

GREAT SOURCE®
HOUGHTON MIFFLIN HARCOURT

Printed in the U.S.A.

ISBN 978-0-547-44092-7

2 3 4 5 6 7 8 9 10 0877 19 18 17 16 15 14 13 12 11

4500305940 B C D E F G

CONTENIDO

Sílabas suaves y sílabas fuertes con /r/; *h* muda 2-3, 22-23, 42-43

Sílabas *que, qui, gue, gui, güe* y *güi* 4-5, 24-25, 44-45

Sílabas *que, qui, gue, gui, güe* y *güi* 6-7, 26-27, 46-47

Palabras con el mismo sonido representado por diferentes letras 8-9, 28-29, 48-49

Palabras con *n* antes de *v*, *m* antes de *b* y *m* antes de *p* 10-11, 30-31, 50-51

Combinaciones de consonantes 12-13, 32-33, 52-53

Plurales: *-ces* 14-15, 34-35, 54-55

Palabras agudas, graves y esdrújulas 16-17, 36-37, 56-57

Acentos en palabras comunes 18-19, 38-39, 58-59

Hiato y diptongo; acento diacrítico 20-21, 40-41, 60-61

Lección 1

En esta lección, aprenderás las reglas ortográficas para escribir palabras que contienen sílabas suaves con ***r,*** como ***toro,*** y sílabas fuertes con ***r*** y ***rr,*** como ***risa*** y ***tarro.*** También aprenderás palabras que contienen sílabas con la ***h*** muda, como ***hueso.***

Lee las palabras de ortografía y las oraciones.

ahora
cara
carro
pero
arena
ratón
perro
rayo
almohada
bajaron

1. Esta mañana hubo sol pero ***ahora*** llueve mucho.
2. Al verle la ***cara,*** vi que estaba muy contento.
3. Me gusta mucho viajar en ***carro*** con mi familia.
4. Pedro juega al voleibol ***pero*** yo prefiero el baloncesto.
5. En la playa hicimos un castillo de ***arena.***
6. Ayer vimos un ***ratón*** gris en la cocina.
7. Nuestro ***perro*** Simón ladra cuando ve un gato.
8. Durante la tormenta, vi un ***rayo*** a lo lejos.
9. Mi ***almohada*** nueva es blandita y muy cómoda.
10. ***Bajaron*** las escaleras con mucho cuidado.

Clasifica las palabras de ortografía en tres grupos.

Observa cada palabra de ortografía. Clasifica las palabras en dos grupos, según el sonido fuerte o suave de *r.* Luego haz un tercer grupo con las palabras que contienen la *h* muda. Responde las siguientes preguntas para descubrir la regla ortográfica para el sonido suave y fuerte de la *r.*

- ¿Cómo clasificaste las palabras?
- ¿Cómo se escriben las sílabas suaves y fuertes con *r*? Piensa en la posición de la sílaba.

Aprende la regla ortográfica

Se escribe ***rr*** para representar el sonido fuerte en el medio de una palabra (entre dos vocales) o ***r*** si el sonido fuerte está en la sílaba inicial. El sonido suave de ***r*** se escribe con ***r*** entre dos vocales.

Algunas palabras se escriben con ***h***, aunque esta letra no representa ningún sonido y, por lo tanto, no se pronuncia.

risa, tarro   toro   hueso

Puedes usar los sonidos silábicos como ayuda para deletrear.

Practica escribir las palabras de esta semana.

Responde las preguntas y completa las oraciones.

1. ¿Qué palabra rima con “tarro”?
2. ¿Cuál es el mejor amigo del hombre?
3. En la playa había dunas de ___ blanca.
4. ¿En dónde apoyas la cabeza cuando duermes?
5. Ayer mi gato atrapó un ___.
6. Llegó a casa con una gran sonrisa en la ___.
7. Mi amigo me regaló un cuadro ___ no me gustó.
8. ¿Qué palabra significa “en este momento”?
9. Lo opuesto a “subieron” es “ ___”.
10. ¿Cómo se llama la luz que se ve durante una tormenta?

Escribe las palabras.

Escribe las palabras de ortografía en una hoja aparte. Usa tu conocimiento de los sonidos silábicos como ayuda. Luego escribe una oración con cada palabra para demostrar que sabes lo que significa.

Lección 2

En esta lección, aprenderás las reglas ortográficas para escribir palabras con las sílabas ***que, qui,*** como ***paquete*** y ***aquí; gue, gui,*** como ***guerra*** y ***águila;*** y ***güe, güi,*** como ***bilingüe*** y ***agüita.***

Lee las palabras de ortografía y las oraciones.

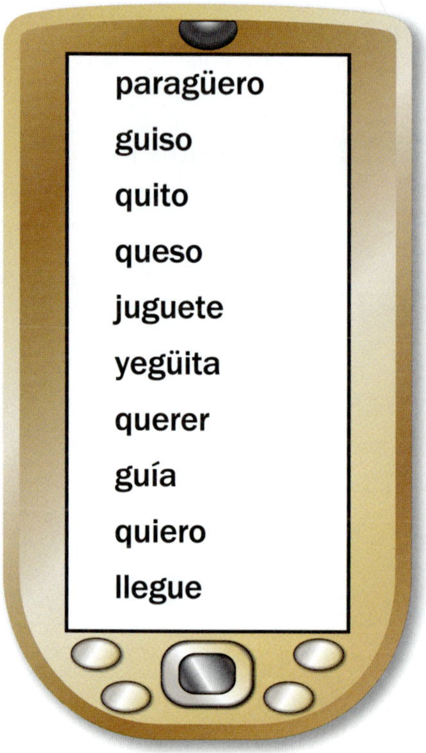

1. Puedes dejar tu paraguas mojado en el ***paragüero.***
2. El ***guiso*** de mi abuela es el mejor.
3. Guarda ese juguete o te lo ***quito*** ahora mismo.
4. ¡Me encantan las tostadas con ***queso*** y mermelada!
5. Mi ***juguete*** preferido es un avión con estrellas.
6. En el campo de mi tío monté una ***yegüita.***
7. No lo hice a propósito; fue sin ***querer.***
8. La maestra nos ayuda siempre, es una ***guía.***
9. No ***quiero*** que salgas con esta lluvia tan fuerte.
10. Le dije que me llame cuando ***llegue*** a casa.

Clasifica las palabras de ortografía en tres grupos.

Observa las palabras de ortografía y clasifícalas según tengan las sílabas *que/qui, gue/gui* o *güe/güi.* Usa las siguientes preguntas para descubrir las reglas ortográficas.

- ¿Cómo clasificaste las palabras?
- ¿Qué ocurre con la letra *u* en las sílabas *que, qui, gue* y *gui*?
- ¿Qué ocurre con la letra *u* en las sílabas *güe* y *güi*?

Aprende la regla ortográfica

Las palabras de esta semana contienen las sílabas ***que, qui, gue, gui, güe*** y ***güi***. Siempre se escribe *u* después de *q* y *g* antes de las vocales *e* e *i,* como en ***paquete, aquí, guerra*** y ***águila***. En las palabras que contienen las sílabas ***güe, güi,*** como ***bilingüe*** y ***agüita,*** se escribe diéresis, o dos puntos, sobre la *u,* para indicar que debe pronunciarse el sonido *u*.

paquete, aquí   guerra, águila   bilingüe, agüita

Puedes usar las partes de las palabras como ayuda para deletrear.

Practica escribir las palabras de esta semana.

Responde las preguntas y completa las oraciones.

1. ¿Qué palabra rima con "espero"?
2. ¿Qué comida es especial para el invierno?
3. ¿Qué palabra significa lo mismo que "desear"?
4. Mi abuelo me regaló un carro de ___.
5. Comí un delicioso sándwich de jamón y ___.
6. ¿Cómo se llama a una yegua pequeña?
7. Primero coloco un libro en la bolsa y luego lo ___.
8. Cuando ___, le daré un abrazo.
9. Los faroles son una ___ para seguir el camino.
10. ¿Dónde se dejan los paraguas?

Escribe las palabras.

Escribe las palabras de ortografía en una hoja aparte. Usa tu conocimiento de las partes de las palabras como ayuda. Luego escribe una oración con cada palabra para demostrar que sabes lo que significa.

Lección 3

En esta lección, aprenderás más palabras con las sílabas ***que, qui,*** como ***toque*** y ***quién; gue, gui,*** como ***guepardo*** y ***guijarro;*** y ***güe, güi,*** como ***vergüenza*** y ***lengüita.***

Lee las palabras de ortografía y las oraciones.

desagüe
tranquilo
pingüino
quema
agüita
sigue
periquito
queja
guitarra
antigüedad

1. El ***desagüe*** de esa fábrica termina en el río.
2. Quédate ***tranquilo*** y se te pasará el dolor.
3. El animal que más me gusta es el ***pingüino***.
4. ¡Ten mucho cuidado! El aceite caliente ***quema*** mucho.
5. En los días de calor bebo mucha ***agüita*** fresca.
6. ***Sigue*** estudiando así y pronto sabrás todas las reglas.
7. El ***periquito*** de Vanesa sabe decir “hola” y “adiós”.
8. Mi hermano se ***queja*** cuando le duele la barriga.
9. Mi prima toca la ***guitarra*** en una banda.
10. En la ***antigüedad*** no había libros como los nuestros.

Clasifica las palabras de ortografía en tres grupos.

Lee en voz alta las palabras de ortografía y clasifícalas en dos grupos según se pronuncie la letra *u* o no. Luego responde las siguientes preguntas para descubrir las reglas ortográficas.

- ¿Cómo clasificaste las palabras?
- ¿Qué vocales pueden usarse después de *qu* o *gü*? Piensa una palabra más con cada sílaba.

Aprende la regla ortográfica.

Las palabras de esta semana contienen las sílabas ***que, qui, gue, gui, güe*** y ***güi.*** Siempre se escribe *u* después de *q* y *g* antes de las vocales *e* o *i,* como en ***toque, quién, guepardo*** y ***guijarro.***
En las palabras que contienen las sílabas ***güe, güi,*** como en ***vergüenza*** y ***lengüita,*** se escribe diéresis, o dos puntos, sobre la *u,* para indicar que debe pronunciarse el sonido *u.*

to**que**, **qui**én   **gue**pardo, **gui**jarro   ver**güe**nza, len**güi**ta

Puedes usar la división de sílabas y el silabeo como ayuda para deletrear.

Practica escribir las palabras de esta semana.

Responde las preguntas y completa las oraciones.

1. Lo opuesto de "detente" es "___".
2. "___" significa lo mismo que "calmo".
3. ¿Cómo se llama al pasado muy lejano?
4. Necesitamos un tambor, un piano y una ___.
5. ¿Por dónde se va el agua del fregadero?
6. ¿Qué palabra rima con "gema"?
7. Si no te gusta el servicio, escribe una ___.
8. ¿Qué ave vive en el Polo Sur?
9. Mi gato come carne y bebe ___ fresca.
10. ¿Cuál es el diminutivo de "perico"?

Escribe las palabras.

Escribe las palabras de ortografía en una hoja aparte. Usa tu conocimiento de la división de sílabas y el silabeo como ayuda. Luego escribe una oración con cada palabra para demostrar que sabes lo que significa.

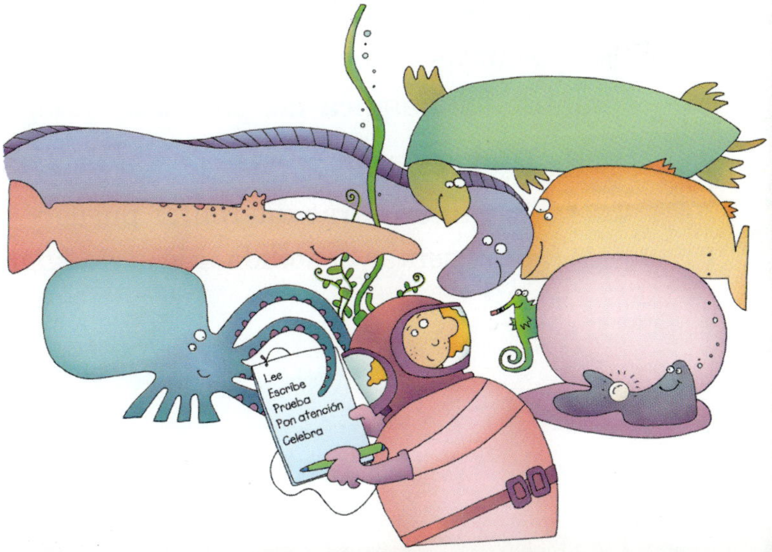

Lección 4

En esta lección, aprenderás las reglas ortográficas de las sílabas que tienen el ***mismo sonido representado con diferentes letras,*** como ***curva, koala*** y ***queso;*** o ***suave, cielo*** y ***taza.***

Lee las palabras de ortografía y las oraciones.

- ratón/perro
- llave/yate
- ardillas/arroyo
- gigante/jirafa
- casa/kilo/quince
- cereal/semilla/zapato
- siento/ciento
- cojín/México
- imán/doy
- burro/vela

1. El gato tiene miedo y huye del ***perro.***
2. Aquí tienes la ***llave*** de mi casa nueva.
3. Vimos una familia de ***ardillas*** en el parque.
4. Ayer fui al zoológico y vi una enorme ***jirafa.***
5. El martes mi hermana cumplió ***quince*** años.
6. Planté una ***semilla*** y al tiempo nació una planta.
7. Cuando trabajo mucho tiempo me ***siento*** muy cansado.
8. Mi tío de ***México*** me regaló un hermoso abrigo.
9. Compré un nuevo ***imán*** para el refrigerador.
10. El ***burro*** se asustó cuando vio al lobo.

Clasifica las palabras de ortografía en tres grupos. Observa las palabras de ortografía. Piensa en el sonido que comparte cada grupo de palabras y clasifica las palabras. Luego responde las siguientes preguntas.

- ¿Cómo clasificaste las palabras?
- ¿Cuántas letras diferentes pueden representar el sonido inicial de "gigante"?

Aprende la regla ortográfica.

Las palabras de esta semana tienen el **mismo sonido representado por diferentes letras.** La letra *c* antes de *e* o *i* representa el mismo sonido suave de ***s*** y ***z,*** como en ***cielo, suave*** y ***taza,*** pero antes de *a,* o, *u* la letra *c* representa el mismo sonido fuerte de ***k*** y ***q,*** como en ***curva, koala*** y ***queso.***

c/s/z	*c/k/q*
cielo	curva
suave	koala
taza	queso

Sin embargo, no siempre hay reglas fijas para las palabras que tienen el mismo sonido representado por diferentes letras, y debes recordar la ortografía de cada palabra para deletrearla correctamente. Otras reglas son: ***y/ll; g/j/x; b/v; y/i.***

Practica escribir las palabras de esta semana.

Responde las preguntas y completa las oraciones.

1. ¿Cómo se llama algo muy grande?
2. ¿Qué palabra rima con "voy"?
3. Vamos a navegar en el ___ de mi tío.
4. ¿Qué es lo que usas en los pies?
5. En verano, me gusta nadar en el ___.
6. Compré un ___ nuevo para el sillón.
7. ¿Qué prendes si se corta la luz?
8. ¿A qué animal le gusta el queso?
9. Necesito un ___ de zanahorias para la ensalada.
10. Ayer recorrimos ___ cincuenta kilómetros.

Escribe las palabras.

Escribe las palabras de ortografía en una hoja aparte. Luego escribe una oración con cada palabra para demostrar que sabes lo que significa.

Lección 5

En esta lección, aprenderás las reglas ortográficas para escribir palabras que utilizan ***n*** antes de ***v,*** como ***invierno;*** y ***m*** antes de ***b*** o ***p,*** como ***sombrero*** y ***campamento.***

Lee las palabras de ortografía y las oraciones.

comprar
hambriento
temprano
invitación
inventor
cambiar
conversar
hombres
envase
limpia

1. Fuimos a ***comprar*** dulces para la fiesta.
2. Estaba ***hambriento*** y mamá me dio una fruta.
3. A Mario no le gusta levantarse ***temprano.***
4. ¿Recibiste la ***invitación*** a mi fiesta de cumpleaños?
5. Alexander G. Bell fue el ***inventor*** del teléfono.
6. Si no te gusta el regalo, lo puedes ***cambiar.***
7. Nos gusta ***conversar*** sobre los cuentos que leemos.
8. A algunos ***hombres*** les gusta llevar bigote.
9. Coloqué el ***envase*** en el contenedor para reciclaje.
10. Siempre voy a la escuela con la ropa ***limpia.***

Clasifica las palabras de ortografía en tres grupos.

Observa las letras que aparecen después de *n* y *m* en la primera sílaba de cada palabra. Clasifica las palabras según estas combinaciones. Luego usa las siguientes preguntas para descubrir las reglas ortográficas.

- ¿Cómo clasificaste las palabras?
- Si la segunda sílaba comienza con *v,* ¿con qué letra termina la sílaba anterior? ¿Y si la segunda sílaba comienza con *b* o *p*?

Aprende la regla ortográfica.

Las palabras de esta semana utilizan ***n*** antes de ***v***, y ***m*** antes de ***b*** o ***p***.

n* antes de *v	***m* antes de *b***	***m* antes de *p***
in**v**ierno	so**mb**rero	ca**mp**amento

La palabra ***invierno*** se escribe con ***n*** porque la letra que sigue es una ***v***. La palabra ***sombrero*** se escribe con ***m*** porque la letra que sigue es una ***b***. La palabra ***campamento*** se escribe con ***m*** porque la letra que sigue es una ***p***.

Practica escribir las palabras de esta semana.

Responde las preguntas y completa las oraciones.

1. Ayer lavé a mi gatita y quedó muy ___.
2. ¿Qué palabra significa "modificar"?
3. ¿Qué tarjeta recibes para ir a una fiesta?
4. ¿Qué puedes hacer en una tienda?
5. "___" significa lo mismo que "hablar".
6. La leche viene en un ___ de cartón.
7. ¿Cuál es el opuesto de "tarde"?
8. ¿Cómo te sientes cuando no comes durante mucho tiempo?
9. Las mujeres y los ___ trabajaron por igual.
10. No recuerdo el nombre de ese ___ famoso.

Escribe las palabras.

Escribe las palabras de ortografía en una hoja aparte. Luego escribe una oración con cada palabra para demostrar que sabes lo que significa.

Lección 6

En esta lección, aprenderás las reglas ortográficas de las palabras que contienen ***combinaciones de consonantes,*** como ***br*** en ***abrir*** y ***cl*** en ***clara.***

Lee las palabras de ortografía y las oraciones.

- incluso
- construir
- establecer
- brazo
- regla
- atrapa
- clima
- brisa
- globo
- amable

1. ***Incluso*** mi padre lloró al ver esa película.
2. Papá me ayudó a ***construir*** un castillo de arena.
3. Antes de jugar, hay que ***establecer*** las reglas.
4. Me duele mucho el ***brazo*** derecho.
5. Mi hermano perdió mi ***regla*** preferida.
6. Mi perro siempre ***atrapa*** la pelota.
7. Este ***clima*** es más agradable que el de ayer.
8. Por las noches corría una suave ***brisa.***
9. El ***globo*** de cumpleaños salió volando.
10. Nuestra vecina es muy ***amable.***

Clasifica las palabras de ortografía en cinco grupos. Piensa en las palabras anteriores y clasifica las palabras en grupos según las distintas combinaciones de consonantes. Luego responde la siguiente pregunta para aprender a deletrear las palabras con mayor precisión.

- ¿Cómo clasificaste las palabras?
- Piensa en otros ejemplos de palabras con combinaciones de consonantes y escríbelos en una hoja. Utiliza fuentes impresas o electrónicas (diccionarios, glosarios, manuales) para encontrar cómo se escriben esas palabras y verificar que las has escrito correctamente.

Aprende la regla ortográfica.

Las palabras de esta semana tienen estas **combinaciones de consonantes: *br, tr, gl, bl, cl.*** Observa que estas combinaciones siempre se escriben de esa manera. Por ejemplo, las palabras con *bl* o *br* siempre se escriben con *b,* y las palabras con *gl* siempre se escriben con *g.* Nota además que todas estas combinaciones pueden aparecer tanto al principio de una palabra como en medio.

Combinaciones con *r*	Combinaciones con *l*
a**br**ir	**cl**ara

Piensa en las palabras anteriores. La palabra ***abrir*** se escribe con la combinación de consonantes ***br.*** La palabra ***clara*** se escribe con la combinación de consonantes ***cl.***

Practica escribir las palabras de esta semana.

Responde las preguntas y completa las oraciones.

1. ¿Con qué parte del cuerpo puedo levantar un objeto?
2. ¿Qué objeto se usa en las fiestas de cumpleaños?
3. Juan intentó ___ una relación de amistad con ella.
4. La ___ sopla sobre los árboles.
5. ¿Qué objeto utilizas para subrayar?
6. Todos rieron con mi broma, ___ la maestra.
7. ¿Qué palabra rima con "prima"?
8. ¿Qué palabra significa lo mismo que "cortés"?
9. Me gustaría ___ una casa en el árbol.
10. Yo lanzo la pelota y mi perro la ___.

Escribe las palabras.

Escribe las palabras de ortografía en una hoja aparte. Luego escribe una oración con cada palabra para demostrar que sabes lo que significa.

Lección 7

En esta lección, aprenderás a deletrear con mayor precisión los ***plurales*** de las palabras que terminan con ***z***. Por ejemplo, verás que el plural de la palabra ***capaz*** es ***capaces.***

Lee las palabras de ortografía y las oraciones.

capaz/capaces
raíz/raíces
lápiz/lápices
pez/peces
perdiz/perdices
veloz/veloces
nuez/nueces
lombriz/lombrices
cruz/cruces
vez/veces

1. Los deportistas son ***capaces*** de correr largas distancias.
2. Estos viejos árboles tienen unas ***raíces*** muy fuertes.
3. María me regaló una caja de ***lápices*** de colores.
4. Ayer vi muchos ***peces*** nadando en el río.
5. A muchas personas les gusta ir a cazar ***perdices.***
6. Los gatos son animales muy inteligentes y ***veloces.***
7. En Navidad, mi abuelo siempre me compra ***nueces.***
8. Si vas a pescar, no olvides llevar ***lombrices.***
9. En la iglesia de mi pueblo hay muchas ***cruces.***
10. A ***veces*** voy al lago con mis primos.

Clasifica las palabras de ortografía en grupos.

Piensa en cómo se forma el plural de las palabras de ortografía y clasifícalas. Luego responde las siguientes preguntas.

- ¿Cómo clasificaste las palabras?
- ¿Cómo cambian las palabras al formar el plural?

Aprende la regla ortográfica.

Para formar el **plural de palabras que terminan con *z*,** la ***z*** debe reemplazarse con ***c*** y agregar ***-es*** al final de la palabra.

capaz capaces

En la palabra ***capaz,*** la ***z*** se reemplaza con una ***c*** y se agrega ***-es*** al final. Así, se forma la palabra ***capaces.***

Practica escribir las palabras de esta semana.

Responde las preguntas y completa las oraciones.

1. ¿Qué palabra rima con *rapaces*?
2. Las ___ son aves que viven en el campo.
3. Las liebres son muy ___.
4. ¿Qué objetos utilizas para colorear?
5. ¿Cómo se llaman las partes del árbol que están bajo tierra?
6. Las ardillas comen ___.
7. ¿Qué animales no tienen patas y viven en la tierra?
8. A ___ juego a las cartas con mi abuelo.
9. ¿Qué animales viven en el agua?
10. La maestra dibujó varios tipos de ___ en el pizarrón.

Escribe las palabras.

Escribe las palabras de ortografía en una hoja aparte. Luego escribe una oración con cada palabra para demostrar que sabes lo que significa.

Lección 8

En esta lección, aprenderás palabras con acento prosódico u ortográfico, ya sean ***agudas,*** como ***salir*** o ***camión; graves,*** como ***mástil*** o ***pesa;*** o ***esdrújulas,*** como ***plástico.***

Lee las palabras de ortografía y las oraciones.

- último
- casa
- apoyar
- cómico
- árbol
- feliz
- canción
- aparezco
- llamó
- mecánico

1. El ***último*** día de clases iremos de picnic.
2. Cuando no llueve, vuelvo caminando a mi ***casa.***
3. Todos vamos a ***apoyar*** la decisión que tome.
4. Mi amigo cuenta bromas y es muy ***cómico.***
5. Construimos una casa de madera en el ***árbol.***
6. La noticia que me dio me hizo ***feliz.***
7. Ayer, Matías nos enseñó a cantar una ***canción.***
8. Mi madre se asusta cuando ***aparezco*** de repente.
9. La abuela ***llamó*** hace un par de días.
10. El padre de mi amigo es ***mecánico*** de autos.

Clasifica las palabras de ortografía en tres grupos.

Observa las palabras de ortografía y clasifícalas en tres grupos según la sílaba en la que recae el acento. Luego responde las preguntas que están a continuación.

- ¿Cómo clasificaste las palabras?
- ¿Qué has observado en el caso de las palabras con acento en la antepenúltima sílaba?

Aprende la regla ortográfica.

El acento que no está escrito se llama **acento prosódico.** El acento que está escrito se llama **acento ortográfico.** Las palabras **agudas** son aquellas en las que el acento prosódico recae en la última sílaba. Llevan acento ortográfico cuando terminan en *-n*, *-s* o vocal. Las palabras **graves** llevan acento prosódico en la penúltima sílaba y no llevan acento ortográfico cuando terminan en *-n*, *-s* o vocal. Las palabras **esdrújulas** siempre llevan acento ortográfico en la antepenúltima sílaba.

Palabras agudas	*Palabras graves*	*Palabras esdrújulas*
sa**lir**	**más**til	**plás**tico
ca**mión**	**pe**sa	

Observa las palabras y sus reglas ortográficas para recordar cuándo llevan acento ortográfico y cuándo no.

Practica separar en sílabas las palabras de esta semana.

Responde las preguntas y completa las oraciones.

1. ¿Cómo se llama el lugar donde vives?
2. ¿Qué cantas?
3. Hoy ___ mi tío por teléfono.
4. Siempre llego ___ al correr una carrera.
5. ¿Qué palabra significa lo mismo que "gracioso"?
6. Por favor, ___ las cosas sobre la mesa.
7. ¿A quién le pides que repare tu carro?
8. Cuando ___ de sorpresa, todos se asustan.
9. Ayer todos los niños nos trepamos a un ___.
10. ¿Cuál es el opuesto de "triste"?

Escribe las palabras.

Escribe las palabras de ortografía en una hoja aparte. Luego escribe una oración con cada palabra para demostrar que sabes lo que significa.

Lección 9

En esta lección, aprenderás a poner los acentos con mayor precisión en las palabras más comunes que se utilizan para ***formar preguntas o expresar exclamaciones,*** como ***quién, dónde*** y ***cómo,*** y al conjugar ***verbos*** en el pretérito, el imperfecto, el condicional y el futuro, como ***pagó, amábamos, quedaría, irán.***

Lee las palabras de ortografía y las oraciones.

gustaría
cómo
madrugarán
corrió
tenía
brincó
cuál
vendrá
dónde
desaparecían

1. Me ***gustaría*** mucho viajar por todo el mundo.
2. ¡***Cómo*** me gustaría ir a jugar al parque!
3. Mañana, los niños ***madrugarán*** para ir a la escuela.
4. El perro ***corrió*** al gato por el jardín.
5. Mi primo ***tenía*** una gran colección de monedas antiguas.
6. El gato, enojado, ***brincó*** sobre el insecto verde.
7. ¿***Cuál*** de los hermanos de José te llamó?
8. La tía María ***vendrá*** en su carro nuevo.
9. ¿***Dónde*** vive Juan, el tío de tu amiga?
10. Las montañas ***desaparecían*** detrás de las nubes.

Clasifica las palabras de ortografía en grupos. Observa las palabras de ortografía y clasifícalas según la manera en que se usan en la oración.

- ¿Cómo clasificaste las palabras?
- ¿Cómo clasificarías las palabras que indican acción?

Aprende la regla ortográfica.

Las palabras más comunes que se utilizan para **formar preguntas o expresar exclamaciones** siempre llevan acento ortográfico.
Cuando un verbo está en **pretérito,** se acentúa la última sílaba de la primera y la tercera persona del singular. En **imperfecto,** los verbos terminados en *-ar* llevan acento ortográfico en la antepenúltima sílaba en la primera persona del plural, y los verbos terminados en *-er* e *-ir* llevan acento en las terminaciones *-ía, -ías, -íamos, -ían.* En **condicional,** las terminaciones *-ía, -ías, -íamos, -ían* siempre llevan acento ortográfico. En **futuro** todas las personas, excepto la primera persona del plural, se acentúan en la última sílaba.

Preguntas y exclamaciones	*Verbos: pretérito, imperfecto, condicional, futuro*
Quién	pagó
Dónde	amábamos
Cómo	quedaría
	irán

Practica escribir las palabras de esta semana.

Responde las preguntas y completa las oraciones.

1. ¿___ hiciste para terminar tan rápido?
2. Carlos ___ para no pisar el agua.
3. ¿Qué harán los niños si se levantan temprano?
4. ¿___ estabas? ¡Te estuvimos buscando!
5. ¿___ es tu libro favorito?
6. Marta ___ para no perder el autobús.
7. ¿Cuál es el futuro del verbo "venir"?
8. Ayer no ___ sueño.
9. Me ___ comer un helado.
10. ¿Cuál es el imperfecto del verbo "desaparecer"?

Escribe las palabras.

Escribe las palabras de ortografía en una hoja aparte. Luego escribe una oración con cada palabra para demostrar que sabes lo que significa.

Lección 10

En esta lección, aprenderás el concepto de ***hiatos,*** como en las palabras ***teatro, paraíso*** o ***friísimo;*** y de ***diptongos,*** como en las palabras ***ciudad*** y ***asiento.*** También aprenderás a distinguir el significado o la función de una palabra basada en el ***acento diacrítico,*** como ***te/té.***

Lee las palabras de ortografía y las oraciones.

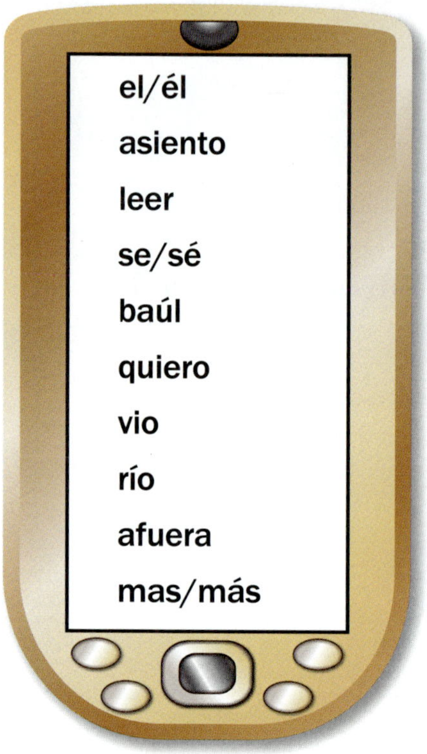

1. ***Él*** me invitó al baile en ***el*** salón.
2. El ***asiento*** de este carro es muy incómodo.
3. Voy a ***leer*** un libro sobre tesoros y piratas.
4. ***Sé*** que este examen ***se*** parece al otro.
5. Guardé todos mis juguetes nuevos en el ***baúl.***
6. ***Quiero*** irme a casa en cuanto llegue mamá.
7. Alicia ***vio*** un conejo en la tienda de mascotas.
8. Ayer por la tarde fuimos a nadar al ***río.***
9. Dice mi padre que ***afuera*** hace mucho calor.
10. No me pondré ***más*** estos zapatos, ***mas*** sí aquellos.

Clasifica las palabras de ortografía en tres grupos.

Observa las palabras de ortografía. Piensa en las vocales de las palabras y cómo se separan en sílabas. Por otro lado, piensa en las palabras que se escriben igual. Luego responde las siguientes preguntas.

- ¿Cómo clasificaste las palabras?
- ¿Qué observas acerca de las palabras que llevan acento ortográfico?

Aprende la regla ortográfica.

En español hay vocales abiertas (*a, e, o*) y cerradas (*i, u*). Un **diptongo** se produce cuando dos vocales cerradas, una abierta y una cerrada o una cerrada y una abierta se unen en la misma sílaba.

Cuando se unen dos vocales abiertas, cuando la vocal cerrada lleva acento o cuando se repite una vocal cerrada con acento ortográfico o sin él, se produce **hiato** y cada vocal forma parte de una sílaba distinta.

Diptongo	*Hiato*
ciu-dad	te-a-tro
a-sien-to	pa-ra-í-so
	fri-í-si-mo

El **acento diacrítico** se usa para distinguir el significado o la función de dos palabras que se escriben igual. La palabra ***te*** no lleva acento y se usa como pronombre, como en la oración *¿**Te** gusta el helado?* La palabra ***té*** lleva acento diacrítico para diferenciarla del pronombre. Se usa como sustantivo, como en la oración *Me gusta el **té** con leche.*

Practica separar en sílabas las palabras de esta semana.

Responde las preguntas y completa las oraciones.

1. ¿Cómo se llama el lugar donde te sientas?
2. No ___ ir a dormir tan temprano.
3. ¿Cuál es el opuesto de "adentro"?
4. Ayer Valeria ___ una rata y se asustó.
5. ¿Dónde guardas tus juguetes?
6. No ___ puede gritar en el salón de clases.
7. ¿Qué haces con un libro?
8. ___ niño quiere salir a jugar.
9. ¿En qué lugar puedes nadar y pescar?
10. Estoy cansada ___ saldré a caminar contigo.

Escribe las palabras. Escribe las palabras de ortografía en una hoja aparte. Luego escribe una oración con cada palabra para demostrar que sabes lo que significa.

Lección 11

En esta lección, aprenderás a escribir palabras que contienen sílabas suaves con ***r,*** como ***pera,*** y sílabas fuertes con ***r*** y ***rr,*** como ***rosa*** y ***carreta.***

También aprenderás palabras que contienen sílabas con la ***h*** muda, como ***humo*** y ***zanahoria.***

Lee las palabras de ortografía y las oraciones.

- harina
- dorada
- agarra
- espera
- rescate
- roca
- verano
- barrio
- ahí
- oruga

1. El pastel de chocolate lleva dos tazas de ***harina.***
2. Por el reflejo del sol, aquella nube parece ***dorada.***
3. Si tienes hambre, ***agarra*** una fruta del refrigerador.
4. Conseguimos los boletos, pero tuvimos mucha ***espera.***
5. El ***rescate*** salvó a los excursionistas perdidos.
6. Mi amigo halló una ***roca*** extraña junto al río.
7. Este ***verano*** iremos de vacaciones a la playa.
8. Mi hermano reparte periódicos en el ***barrio.***
9. ¿Dónde puse las llaves? Recién estaban ***ahí.***
10. La ***oruga*** se transforma en mariposa.

Clasifica las palabras de ortografía en tres grupos.

Piensa en la ortografía para armar los grupos. Algunas palabras pertenecen a más de un grupo. Luego usa las siguientes preguntas para sacar conclusiones sobre la ortografía de estas palabras.

- ¿Cómo clasificaste las palabras?
- ¿En qué posición de la palabra se escribe la *h* muda?

Aprende la regla ortográfica.

Muchas de las palabras de esta semana tienen el sonido ***r***, que puede ser fuerte o suave. El sonido fuerte de ***r*** se escribe con ***r*** en la sílaba inicial de una palabra y con ***rr*** en sílabas intermedias. El sonido suave de ***r*** siempre se escribe con ***r*** entre dos vocales. Se dice que la ***h*** es muda porque no se pronuncia y puede estar al comienzo o en el medio de una palabra.

rosa, carreta   pera   humo, zanahoria

Puedes usar los sonidos silábicos como ayuda para deletrear.

Practica escribir las palabras de esta semana.

Responde las preguntas y completa las oraciones.

1. ¿Qué hace alguien al formar una fila?
2. ¿Qué palabra significa lo mismo que "toma"?
3. La ___ es un insecto que come hojas de mora.
4. Los guardavidas tienen un bote de ___.
5. ¿De qué material están formadas las montañas?
6. El atleta ganó una medalla ___.
7. ¿Qué palabra significa lo mismo que "vecindario"?
8. Mi estación favorita es el ___ porque hace mucho calor.
9. Para hacer pan, necesitas ___ y agua.
10. ¿Qué palabra puedes usar para indicar un lugar?

Escribe las palabras.

Escribe las palabras de ortografía en una hoja aparte. Usa tu conocimiento de los sonidos silábicos como ayuda. Luego escribe una oración con cada palabra para demostrar que sabes lo que significa.

Lección 12

En esta lección, aprenderás palabras que contienen las sílabas ***que, qui, gue, gui, güe, güi*** y a usar las reglas ortográficas para escribirlas correctamente. Algunas palabras que contienen estas sílabas son ***queso, alquilar, manguera, guiño, ungüento*** y ***pingüino.***

Lee las palabras de ortografía y las oraciones.

- guindo
- vergüenza
- choque
- quinta
- guiar
- argüir
- raqueta
- quitar
- jilguero
- güiro

1. El ***guindo*** es hermoso cuando florece en primavera.
2. No debes sentir ***vergüenza*** por cometer errores.
3. Oímos que un carro frenó y vimos el ***choque.***
4. Estornudé por ***quinta*** vez, parece que me resfrié.
5. ¿Me podrías ***guiar*** hacia la biblioteca escolar?
6. Nunca trates de ***argüir*** sin tener buenas razones.
7. El tenista alzó su ***raqueta*** para festejar el triunfo.
8. No debes ***quitar*** las verduras, debes comer todo.
9. Ese ***jilguero*** canta todas las mañanas en mi jardín.
10. Mis dos primos mexicanos siempre tocan el ***güiro.***

Clasifica las palabras de ortografía en tres grupos.

Piensa en cómo se escriben y cómo suenan las palabras de ortografía. Clasifícalas en tres grupos. Luego responde las siguientes preguntas para descubrir la regla ortográfica.

- ¿Cómo clasificaste las palabras?
- ¿Pronuncias la *u* en todas las sílabas? ¿Cuándo se pronuncia?

Aprende la regla ortográfica.

Las palabras de esta semana tienen las sílabas ***que, qui, gue, gui, güe*** y ***güi.*** En las sílabas ***que, qui, gue*** y ***gui,*** la ***u*** se debe escribir pero no se pronuncia. En las sílabas ***güe*** y ***güi,*** la ***u*** se pronuncia porque lleva diéresis, o dos puntos.

queso, al**qui**lar　　manguera, **gui**ño　　un**güe**nto, pin**güi**no

Puedes usar las partes de las palabras como ayuda para deletrear.

Practica escribir las palabras de esta semana.

Responde las preguntas y completa las oraciones.

1. ¿Qué palabra significa lo mismo que "discutir"?
2. Hay que conducir con precaución para evitar un ___.
3. ¿Qué pájaro es famoso por su canto?
4. Mi abuelo plantó un ___ y un manzano en su huerta.
5. Si no entiendes el ejercicio, tu maestro te podrá ___.
6. ¿Qué usas para jugar al tenis?
7. ¿Qué instrumento musical se hace con una calabaza?
8. Pensé que tu casa era la cuarta de la calle, pero era la ___.
9. ¿Qué palabra es el opuesto de "agregar"?
10. Me dio ___ que me felicitaran delante de toda la clase.

Escribe las palabras.

Escribe las palabras de ortografía en una hoja aparte. Usa tu conocimiento de las partes de las palabras como ayuda. Luego escribe una oración con cada palabra para demostrar que sabes lo que significa.

Lección 13

En esta lección, aprenderás más palabras que contienen las sílabas ***que, qui, gue, gui, güe*** y ***güi*** y a usar las reglas ortográficas para escribirlas correctamente. Algunas palabras que contienen estas sílabas son ***paquete, máquina, jueguen, miguitas, desagüe*** y ***yegüita.***

Lee las palabras de ortografía y las oraciones.

siguiente
cigüeña
quedar
quizás
quebrar
lingüista
entregué
aguijón
hoguera
bilingüe

1. En el capítulo ***siguiente,*** leeremos varios poemas.
2. Muchos creen que ver una ***cigüeña*** trae buena suerte.
3. ¿Te puedes ***quedar*** a cenar en casa esta noche?
4. ***Quizás*** llueva, el cielo está cubierto de nubes.
5. El viento doblaba las ramas y las podía ***quebrar.***
6. Juana es ***lingüista,*** sabe mucho sobre el lenguaje.
7. ***Entregué*** la prueba cuando completé los ejercicios.
8. ¡Cuidado con las avispas, te pueden clavar un ***aguijón***!
9. En el campamento hicimos una ***hoguera*** y cantamos.
10. Mi hermano es ***bilingüe,*** habla español e inglés.

Clasifica las palabras de ortografía en tres grupos.

Piensa en cómo se escriben y cómo suenan las palabras de ortografía. Clasifícalas en tres grupos. Luego responde las siguientes preguntas para descubrir la regla ortográfica.

- ¿Cómo clasificaste las palabras?
- ¿Pronuncias la *u* en todas las sílabas?
  ¿Cuándo se pronuncia?

Aprende la regla ortográfica.

Las palabras de esta semana tienen las sílabas ***que, qui, gue, gui, güe*** y ***güi.*** En las sílabas ***que, qui, gue*** y ***gui,*** la ***u*** se debe escribir pero no se pronuncia. En las sílabas ***güe*** y ***güi,*** la ***u*** se pronuncia porque lleva diéresis, o dos puntos.

paquete, máquina jueguen, miguitas desagüe, yegüita

Puedes usar la división de sílabas y el silabeo como ayuda para deletrear.

Practica escribir las palabras de esta semana.

Responde las preguntas y completa las oraciones.

1. ¿Qué pájaro tiene patas largas y pico largo?
2. Ten cuidado al llevar los huevos, la cáscara se puede ___.
3. ¿Qué palabra es el opuesto de "recibí"?
4. Si una abeja te pica, te clava el ___.
5. Un especialista en el lenguaje es un ___.
6. ¿Qué palabra significa lo mismo que "próximo"?
7. Mamá dice que me puedo ___ un rato más.
8. Si hablas perfectamente dos idiomas, eres ___.
9. ¿Qué palabra significa lo mismo que "tal vez"?
10. ¿Qué puedes hacer para cocinar en un campamento?

Escribe las palabras.

Escribe las palabras de ortografía en una hoja aparte y sepáralas en sílabas. Usa tu conocimiento de la división de sílabas y el silabeo como ayuda. Luego escribe una oración con cada palabra para demostrar que sabes lo que significa.

Lección 14

En esta lección, aprenderás palabras que tienen el ***mismo sonido pero representado por diferentes letras.*** Por ejemplo, las palabras ***carta, queso*** y ***kilogramo*** comienzan con el mismo sonido.

Lee las palabras de ortografía y las oraciones.

tierras/rubí
playa/camello
girasol/jinete
kiwi/equipaje
kermés/querida
sencillo/silbato/
azucena
hocico/silencio
mexicano/gimnasio
sitio/rey
bota/viene

1. Exploró ***tierras*** lejanas en busca de un ***rubí.***
2. ¡Soñé que iba en ***camello*** por la ***playa***!
3. El ***jinete*** cabalgaba por los campos de ***girasol.***
4. El viajero que pasó por aquí llevaba poco ***equipaje.***
5. Mi ***querida*** mamá vende globos en la ***kermés.***
6. Mis flores preferidas son las ***azucenas*** blancas.
7. El perro fruncía el ***hocico*** negro en ***silencio.***
8. Un niño ***mexicano*** hacía abdominales en el ***gimnasio.***
9. Para jugar ajedrez, pon al ***rey*** en su ***sitio.***
10. ¡Mi perro me robó una ***bota*** y no ***viene***!

Clasifica las palabras de ortografía en grupos.

Piensa en qué sonido tienen en común las palabras de ortografía y cómo se escribe en cada una. Algunas palabras pertenecen a más de un grupo. Luego usa las siguientes preguntas para descubrir algunos sonidos que son iguales pero están representados por diferentes letras.

- ¿Cómo clasificaste las palabras? Subraya las letras que representan el mismo sonido en cada grupo.
- ¿Qué otras palabras conoces que tienen el mismo sonido representado por distintas letras?

Aprende la regla ortográfica.

Muchas de las palabras de esta semana tienen el **mismo sonido representado por diferentes letras.** Los siguientes grupos de letras pueden tener el mismo sonido: ***rr*** y ***r***; ***ll*** y ***y***; ***g***, ***j*** y ***x***; ***c***, ***k*** y ***q***; ***s***, ***c*** y ***z***; ***i*** *e* ***y***; ***b*** y ***v***.

Mismo sonido, diferentes letras: *c/q/k*

carta

queso

kilogramo

Piensa en las palabras ***carta, queso*** y ***kilogramo.*** Tienen el mismo sonido inicial pero la letra que representa ese sonido es diferente (***c, k*** *y* ***q***). Aunque el sonido es el mismo, debes prestar atención para respetar la ortografía de cada palabra.

Practica escribir las palabras de esta semana.

Responde las preguntas y completa las oraciones.

1. ¿Quién podría tener una corona con rubíes?
2. El ___ es una planta que rota o gira para mirar al sol
3. El ___ monta el caballo con gran habilidad.
4. ¿Qué palabra es el opuesto de "difícil"?
5. La flor favorita de mi hermana es la ___.
6. ¿Qué palabra significa lo mismo que "se acerca"?
7. Cuando oyeron el ___, los niños comenzaron la carrera.
8. ¿Con qué palabra empezarías una carta a una amiga?
9. En la ___ me gusta hacer castillos de arena.
10. ¿Qué fruta se llama igual que un ave?

Escribe las palabras.

Escribe las palabras de ortografía en una hoja aparte. Luego escribe una oración con cada palabra para demostrar que sabes lo que significa.

TEKS 3.24A(vi)

Lección 15

En esta lección, aprenderás las reglas ortográficas para escribir y deletrear palabras que utilicen ***n*** antes de ***v,*** como ***invento;*** o ***m*** antes de ***b*** o ***p,*** como ***sombra*** y ***campana.***

Lee las palabras de ortografía y las oraciones.

1. Mi abuela vendrá a visitarnos en ***diciembre.***
2. Mi abuelo colecciona ***estampillas*** en un gran álbum.
3. A mi papá le gusta pescar y a mí ***también.***
4. Haré una fiesta, voy a ***invitar*** a muchos niños.
5. Siempre es útil ***comparar*** precios antes de comprar.
6. Los aborígenes tocaban ***tambores*** en sus ceremonias.
7. En ***invierno*** vamos a esquiar a las montañas.
8. Recuerda ***enviar*** una postal cuando llegues.
9. En el club de ciencias hay muy pocos ***miembros.***
10. Debes preparar los ingredientes antes de ***empezar.***

Clasifica las palabras de ortografía en tres grupos.

Piensa en las combinaciones de consonantes con *m* y con *n* en las palabras de ortografía. Clasifícalas en tres grupos. Luego responde las siguientes preguntas para descubrir las reglas ortográficas.

- ¿Cómo clasificaste las palabras?
- ¿Qué letra aparece siempre antes de la *v* en estas palabras? ¿Antes de la *p*? ¿Y antes de la *b*?

Aprende la regla ortográfica.

Las palabras de esta semana tienen combinaciones de letras con ***n*** y ***m***. En estas palabras siempre se utiliza ***n*** antes de ***v***, y ***m*** antes de ***b*** o ***p***.

n* antes de *v	***m* antes de *b***	***m* antes de *p***
invento	sombra	campana

Piensa en la palabra ***invento:*** se escribe con ***n*** porque la letra que sigue es una ***v***. Las palabras ***sombra*** y ***campana*** se escriben con ***m*** porque las letras que le siguen son ***b*** y ***p***.

Practica escribir las palabras de esta semana.

Responde las preguntas y completa las oraciones.

1. ¿Qué estación es anterior a la primavera?
2. ¿Qué debes pegar en el sobre para enviar una carta?
3. Quiero ___ a mis amigos a almorzar.
4. ¿Qué palabra es el opuesto de "tampoco"?
5. Ya puedes ___ a hacer los ejercicios.
6. Los ___ del club de estudiantes se reunirán mañana.
7. ¿Qué instrumentos se tocan golpeándolos con la mano?
8. Para saber si dos dibujos se parecen, los debes ___.
9. Si quieres ayudarlos, puedes ___ ropa o comida.
10. ¿Cuál es el último mes del año?

Escribe las palabras.

Escribe las palabras de ortografía en una hoja aparte. Luego escribe una oración con cada palabra para demostrar que sabes lo que significa.

Lección 16

En esta lección, aprenderás a reconocer ***combinaciones de consonantes,*** como ***dr*** en ***piedra*** y ***drama,*** y ***fl*** en ***aflojar*** y ***flauta.***

Lee las palabras de ortografía y las oraciones.

- fresa
- preguntó
- ladra
- fresco
- dragón
- profesora
- plato
- reflejo
- playa
- flores

1. Me comí una ***fresa*** *deliciosa.*
2. Carlos ***preguntó*** qué sucedía cuando nos vio llorar.
3. Mi perro ***ladra*** mucho cuando se queda solo.
4. Por las noches corría un aire ***fresco*** de primavera.
5. Ayer soñé que me perseguía un ***dragón.***
6. La ***profesora*** pidió que estudiáramos para el examen.
7. Mi hermana rompió un ***plato*** de los nuevos.
8. Me molesta el ***reflejo*** del sol en el agua.
9. En verano siempre vamos a la ***playa.***
10. Papá le trajo ***flores*** a mamá.

Clasifica las palabras de ortografía en cinco grupos.

Piensa en la combinación de consonantes que tiene cada palabra de ortografía. Clasifica las palabras en grupos. Luego responde las siguientes preguntas.

- ¿En cuántos grupos clasificaste las palabras?
- Piensa en otros ejemplos de palabras con combinaciones de consonantes y escríbelos en una hoja. Utiliza fuentes impresas o electrónicas (diccionarios, glosarios, manuales) para encontrar cómo se escriben esas palabras y verificar que las has escrito correctamente.

Aprende la regla ortográfica.

Las palabras de esta semana tienen estas ***combinaciones de consonantes: fr, pr, dr, pl, fl.*** Los sonidos que representan estas combinaciones se escriben siempre de la misma forma.

Combinaciones de consonantes

dr	*fl*
pie**dr**a, **dr**ama	a**fl**ojar, **fl**auta

Observa que además todas estas combinaciones pueden aparecer tanto al principio de una palabra como en el medio.

Practica escribir las palabras de esta semana.

Responde las preguntas y completa las oraciones.

1. ¿Qué palabra rima con *presa*?
2. ¿Qué hace un perro cuando está enojado?
3. Juan le trajo ___ a María en su cita.
4. El viento ___ le dio escalofríos.
5. ¿Dónde pones la comida en la cena?
6. La ___ se enojó con sus estudiantes.
7. ¿Qué ves en un espejo?
8. ¿Dónde encuentras arena y mar?
9. Marta ___ qué había para comer.
10. Un ___ lanza fuego por la boca.

Escribe las palabras.

Escribe las palabras de ortografía en una hoja aparte. Luego escribe una oración con cada palabra para demostrar que sabes lo que significa.

TEKS 3.24C

Lección 17

En esta lección, aprenderás a escribir correctamente los ***plurales*** de las palabras terminadas en ***z***. Por ejemplo, el plural de la palabra ***juez*** es ***jueces.***

Lee las palabras de ortografía y las oraciones.

maíz/maíces
incapaz/incapaces
disfraz/disfraces
juez/jueces
matiz/matices
tenaz/tenaces
tapiz/tapices
luz/luces
infeliz/infelices
feroz/feroces

1. La maestra nos enseñó los distintos tipos de ***maíces.***
2. Ellos son ***incapaces*** de ayudar a los demás.
3. Pablo dará una fiesta de ***disfraces*** este viernes.
4. Dos de mis tíos son ***jueces*** federales.
5. Este color tiene muchos ***matices*** diferentes.
6. Los dos hermanos son ***tenaces*** cuando quieren algo.
7. En la casa de mi abuela hay muchos ***tapices.***
8. Mi padre me pidió que pusiera las ***luces*** de Navidad.
9. Creo que las personas que no aman son ***infelices.***
10. Los animales salvajes pueden ser muy ***feroces.***

Clasifica las palabras de ortografía en tres grupos.

Clasifica las palabras en grupos según la cantidad de sílabas que tienen la palabra original y su plural. Luego responde las siguientes preguntas para descubrir la regla ortográfica.

- ¿Cómo clasificaste las palabras?
- ¿Qué letra se cambia en las palabras en singular para formar el plural?

Aprende la regla ortográfica.

Las palabras que terminan en ***z*** forman su plural con ***-es.*** No debes olvidar que la ***z*** final pasa a ser una ***c*** cuando se agrega la terminación ***-es*** del plural.

Plurales *-ces*

juez - jueces

disfraz - disfraces

Mira lo que pasa con la palabra ***juez:*** como termina en ***z,*** la ***z*** cambia a ***c,*** se agrega ***-es*** a la palabra, y el plural es ***jueces.***

Practica escribir las palabras de esta semana.

Responde las preguntas y completa las oraciones.

1. ¿Qué palabra rima con *cruces*?
2. Los animales que viven en la selva son ___.
3. Los ___ trabajan en un tribunal.
4. ¿Qué se usa en una fiesta de *Halloween*?
5. ¿Qué se usa para decorar el suelo o las paredes?
6. Los conejos son ___ de volar.
7. ¿Cuál es el opuesto de *felices*?
8. Este cuadro está lleno de ___ de color.
9. ¿Cómo son las personas que intentan algo muchas veces?
10. La maestra dibujó ___ amarillos en el pizarrón.

Escribe las palabras.

Escribe las palabras de ortografía en una hoja aparte. Luego escribe una oración con cada palabra para demostrar que sabes lo que significa.

Lección 18

En esta lección, aprenderás a escribir palabras ***agudas,*** como ***delfín; graves,*** como ***significan;*** y ***esdrújulas,*** como ***sábana.***

Lee las palabras de ortografía y las oraciones.

empecé
sábana
natural
lápiz
lluvia
delfín
pública
significan
playa
pájaros

1. Ayer ***empecé*** mis clases de canto.
2. Ayer quité la ***sábana*** porque hacía mucho calor.
3. Me gusta la comida ***natural.***
4. Te presto mi ***lápiz*** de la suerte para tu examen.
5. A María le encanta caminar bajo la ***lluvia.***
6. Hoy nos enseñaron todo acerca del ***delfín.***
7. La famosa actriz preferiría no tener una vida ***pública.***
8. No sé qué ***significan*** esas palabras.
9. Mi madre me prometió que iríamos a la ***playa.***
10. Los ***pájaros*** vuelan muy alto.

Clasifica las palabras de ortografía en tres grupos. Observa las palabras de ortografía y clasifícalas de acuerdo con la sílaba en que recae el acento, ya sea ortográfico o no. Luego responde las siguientes preguntas para descubrir algunas reglas ortográficas.

- ¿Cómo clasificaste las palabras?
- ¿Qué palabras siempre llevan acento ortográfico?

Aprende la regla ortográfica.

Las palabras acentuadas en la última sílaba se llaman **agudas.** Llevan acento ortográfico cuando terminan en *n, s* o vocal. Las palabras acentuadas en la penúltima sílaba se llaman **graves.** No llevan acento ortográfico cuando terminan en *n, s* o vocal. Las palabras acentuadas en la antepenúltima sílaba se llaman **esdrújulas** y siempre llevan acento ortográfico.

Palabras agudas	*Palabras graves*	*Palabras esdrújulas*
del**fín**, natu**ral**	**lá**piz, signi**fi**can	**pá**jaros, **sá**bana

Observa cómo se aplican las reglas ortográficas en los ejemplos anteriores.

Practica separar en sílabas las palabras de esta semana.

Responde las preguntas y completa las oraciones.

1. ¿Adónde puedes ir de vacaciones?
2. ¿Con qué escribes?
3. Hoy ___ a estudiar para el examen.
4. Su vida es ___ porque la conocen todos.
5. ¿Cuál es el opuesto de *artificial*?
6. Hay que lavar la ___ que se manchó.
7. ¿Cómo se llama el agua que cae del cielo?
8. No entiendo qué ___ esos carteles.
9. Dicen que el ___ es el mamífero más inteligente.
10. ¿Qué animales vuelan?

Escribe las palabras.

Escribe las palabras de ortografía en una hoja aparte. Luego escribe una oración con cada palabra para demostrar que sabes lo que significa.

TEKS 3.24H, 3.24J

Lección 19

En esta lección, aprenderás a poner los acentos con mayor precisión en las palabras más comunes con las que se ***forman preguntas o expresan exclamaciones,*** como ***dónde*** y ***cómo,*** y al conjugar ***verbos*** en el pretérito, el imperfecto, el condicional y el futuro, como ***salí, comía, llamarían*** y ***cantarán.***

Lee las palabras de ortografía y las oraciones.

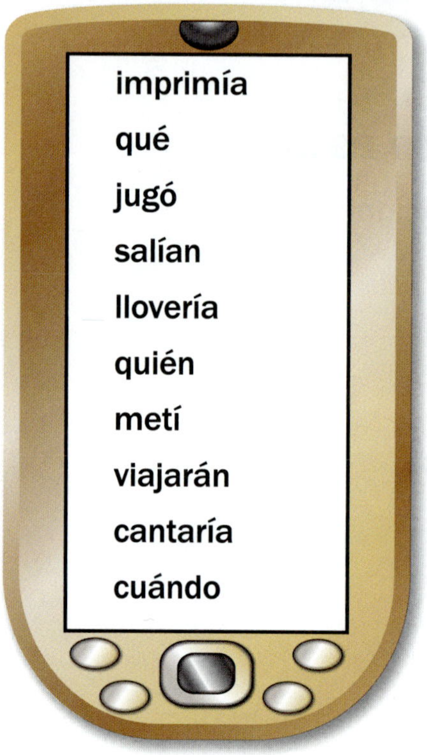

1. Se me cayó el café mientras ***imprimía*** el trabajo.
2. ¿***Qué*** te dijeron esos niños?
3. El niño ***jugó*** toda la tarde.
4. Mientras ***salían*** de la casa, saludaban a su mamá.
5. Si no hiciera tanto calor, no ***llovería*** tan seguido.
6. ¡***Quién*** diría que recibirías el primer premio!
7. Creo que ***metí*** los cuadernos en la mochila.
8. Mis tíos ***viajarán*** a Texas este verano.
9. Dijo que ***cantaría*** en el espectáculo de esta noche.
10. ¿***Cuándo*** llegaron de sus vacaciones?

Clasifica las palabras de ortografía en dos grupos.

Observa las palabras de ortografía y clasifícalas en grupos según se usen para preguntar o exclamar o sean verbos. Luego responde las siguientes preguntas.

- ¿Cómo clasificaste las palabras?
- ¿En qué tiempos están conjugados los verbos?

Aprende la regla ortográfica.

Las palabras más comunes que se usan para **formar preguntas o expresar exclamaciones** siempre llevan acento ortográfico.

¿Dónde está mi lápiz?
¿Cómo te sientes?
¡Cómo me divertí!

Los verbos en **pretérito** se acentúan en la última sílaba de la primera y la tercera persona del singular, como ***salí.*** En **imperfecto,** los verbos terminados en *-ar* se acentúan en la antepenúltima sílaba en la primera persona del plural, como ***jugábamos,*** y los verbos terminados en *-er* e *-ir* llevan acento ortográfico en las terminaciones *-ía, -ías, -íamos, -ían,* como ***comía.*** En **condicional,** las terminaciones *-ía, -ías, -íamos, -ían* siempre llevan acento ortográfico, por ejemplo, ***llamarían.*** En **futuro** todas las personas, excepto la primera del plural (*cantaremos*), se acentúan en la última sílaba, como ***cantarán.***

Practica escribir las palabras de esta semana.

Responde las preguntas y completa las oraciones.

1. Los niños ___ al patio para jugar.
2. Julia ___ al fútbol con los niños.
3. ¿Qué harán si viajan mañana?
4. ¿___ estás haciendo? ¡Te vas a lastimar!
5. ¿___ te prestó el lápiz?
6. Hoy ___ el pie en un pozo.
7. ¿Cómo dirías *en qué momento*?
8. Si no fuera primavera, no ___ tanto.
9. Juan ___ el trabajo mientras yo ordenaba todo.
10. ___ una canción, pero me da vergüenza.

Escribe las palabras.

Escribe las palabras de ortografía en una hoja aparte. Luego escribe una oración con cada palabra para demostrar que sabes lo que significa.

TEKS 3.24G, 3.24I

Lección 20

En esta lección, aprenderás a acentuar correctamente palabras con ***diptongos*** y ***hiatos,*** como ***cuidado*** y ***baúl,*** y a diferenciar el significado o la función de una palabra según tenga ***acento diacrítico*** o no, como ***se*** y ***sé.***

Lee las palabras de ortografía y las oraciones.

- tu/tú
- país
- siguió
- suerte
- creía
- cambio
- león
- te/té
- mi/mí
- oficial

1. ***Tú*** bailaste conmigo, y ***tu*** hermano bailó con María.
2. María ya no recuerda su ***país.***
3. Marcos ***siguió*** corriendo hasta la meta.
4. He tenido mucha mala ***suerte*** esta vez.
5. ***Creía*** que vendrías conmigo a la fiesta.
6. El vendedor dijo que no tenía ***cambio.***
7. Fuimos al zoológico y vimos un ***león.***
8. ¿***Te*** conté? Mi tía vino a casa a tomar el ***té.***
9. Papá trajo regalos para ***mí*** y para ***mi*** hermana.
10. El ***oficial*** de policía me acompañó a casa.

Clasifica las palabras de ortografía en dos grupos.

Observa cada una de las palabras de ortografía y clasifícalas según tengan acento ortográfico o no. Luego responde las siguientes preguntas.

- ¿Cómo clasificaste las palabras?
- ¿Qué sucede con palabras como *tu* y *tú*?
- ¿Están en la misma sílaba las vocales de palabras como *país*?

Aprende la regla ortográfica.

En español hay vocales abiertas (*a, e, o*) y cerradas (*i, u*). Se forma un **diptongo** cuando dos vocales cerradas, una abierta y una cerrada, o una cerrada y una abierta se unen en la misma sílaba. Se forma un **hiato** cuando se unen dos vocales abiertas, cuando la vocal cerrada lleva acento o cuando se repite una vocal cerrada con acento ortográfico o sin él. En este caso, cada vocal se encuentra en una sílaba distinta.

Diptongo	***Hiato***
c**ui**-da-do, **au**-to-mó-vil, g**ua**n-te	cr**e**-**a**-ción, b**a**-**ú**l, cr**é**-**e**-me

El **acento diacrítico** sirve para distinguir dos palabras que se escriben igual pero tienen distinta función o significado, como ***se*** y ***sé*** (*No* ***se*** *sabe si vendrá a la fiesta. Yo no* ***sé*** *nada de eso.*)

Practica separar en sílabas las palabras de esta semana.

Responde las preguntas y completa las oraciones.

1. España es un ___.
2. Pedro ___ corriendo hasta ganar la carrera.
3. ¿Qué ocurre cuando algo deja de ser como era?
4. Ayer Victoria fue afortunada. Tuvo mucha ___.
5. ¿Quién es el rey de la selva?
6. ¿Cuál es un tipo de bebida?
7. ¿Cómo llamas a un policía?
8. ___ eres mi mejor amigo.
9. ___ que mi perro se había escapado.
10. Nunca habías traído un regalo para ___.

Escribe las palabras.

Escribe las palabras de ortografía en una hoja aparte. Luego escribe una oración con cada palabra para demostrar que sabes lo que significa.

Lección 21

En esta lección, aprenderás a deletrear palabras que contienen sílabas fuertes con ***r*** y ***rr,*** como ***remo*** y ***arroz,*** y sílabas suaves con ***r,*** como ***tero*** y ***aroma.*** También aprenderás a deletrear palabras que contienen sílabas con ***h*** muda, como ***hoja*** y ***ahijado.***

Lee las palabras de ortografía y las oraciones.

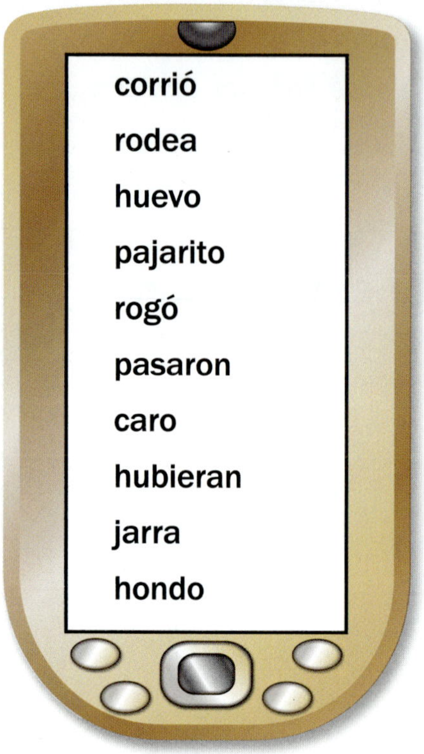

1. Juan ***corrió*** muy rápido y ganó la carrera.
2. Lucía ***rodea*** el parque cuando camina a la escuela.
3. A Pablo no le gusta el ***huevo*** revuelto.
4. Ese ***pajarito*** canta todas las mañanas en mi ventana.
5. Le ***rogó*** que llegara temprano a su casa.
6. Los ratoncitos ***pasaron*** de una cueva a otra.
7. Quería comprar ese juguete pero era muy ***caro.***
8. Si se ***hubieran*** acostado temprano, no tendrían sueño.
9. La ***jarra*** de jugo está vacía.
10. No nadamos en el lago porque era muy ***hondo.***

Clasifica las palabras de ortografía en tres grupos.

Observa las palabras de ortografía. Clasifícalas en grupos según tengan una sílaba suave con *r,* una sílaba fuerte con *r* o *rr* o una sílaba con *h* muda. Luego usa las siguientes preguntas para sacar conclusiones sobre la ortografía de estas palabras.

- ¿Cómo clasificaste las palabras?
- ¿Cuándo se escribe *r* en una sílaba fuerte?

Aprende la regla ortográfica.

Cuando la ***r*** suena fuerte al principio de una palabra, se escribe ***r***. Cuando suena fuerte entre dos vocales, se escribe ***rr***. Cuando la ***r*** suena suave entre dos vocales, se escribe ***r***. En español, la ***h*** es muda, es decir que no se pronuncia, y puede estar al principio de una palabra o en el medio.

te**r**o, a**r**oma   **r**emo, a**rr**oz   **h**oja, a**h**ijado

Puedes usar los sonidos silábicos como ayuda para deletrear.

Practica escribir las palabras de esta semana.

Responde las preguntas y completa las oraciones.

1. Sacamos una foto cuando ___ los soldados.
2. Si no ___ gritado, no les dolería la garganta.
3. ¿Qué animal canta y vuela?
4. ¿Qué palabra rima con "parra"?
5. ¿Cuál es el opuesto de "barato"?
6. ¡Ese gato ___ a mi perro y lo asustó!
7. ¿Cuál de las palabras nombra un alimento?
8. El jardín ___ la casa.
9. Encontré mi juguete en el sector ___ de la piscina.
10. ¿Cuál de las palabras significa "suplicó"?

Escribe las palabras.

Escribe las palabras de ortografía en una hoja aparte. Usa tu conocimiento de los sonidos silábicos como ayuda. Luego escribe una oración con cada palabra para demostrar que sabes lo que significa.

Lección 22

En esta lección, aprenderás más palabras que contienen las sílabas ***que, qui,*** como en ***quemado*** y ***quitar;*** las sílabas ***gue, gui,*** como en ***guiso*** y ***juguete***; y las sílabas ***güe, güi,*** como en ***agüero*** y ***agüita.***

Lee las palabras de ortografía y las oraciones.

- buque
- nicaragüense
- química
- guepardo
- lingüística
- manguera
- perseguir
- alquilar
- tortuguita
- lengüita

1. Ayer vimos un gran ***buque*** en el puerto.
2. Hoy llega a casa mi tío ***nicaragüense.***
3. En ***Química*** vimos fórmulas muy difíciles.
4. El ***guepardo*** corre muy rápido.
5. Cuando sea grande, voy a estudiar ***lingüística.***
6. Sebastián riega las plantas con una ***manguera.***
7. Ese gato nunca se cansa de ***perseguir*** pajaritos.
8. Vamos a ***alquilar*** un salón para la fiesta.
9. Tengo una ***tortuguita*** como mascota.
10. Todos los gatos tienen la ***lengüita*** áspera.

Clasifica las palabras de ortografía en seis grupos.

Piensa en las sílabas que tienen en común las palabras de ortografía y clasifícalas en grupos. Luego responde las siguientes preguntas para descubrir las reglas ortográficas.

- ¿Cómo clasificaste las palabras?
- ¿Qué ocurre con la letra *u* en las sílabas *gue, gui, que, qui, güe* y *güi*?

Aprende la regla ortográfica.

Cuando se quiere escribir el mismo sonido que tiene la *c* en *ca, co, cu* pero delante de *e* e *i,* se debe escribir *qu* (***que, qui***). Se escribe una *u* después de *g* cuando la *g* tiene sonido suave antes de *e, i* (***gue, gui***). Esa *u* no se pronuncia, pero debes escribirla para que la *g* no suene como la *j.* Cuando la *u* sí se pronuncia, lleva diéresis (***güe, güi***).

quemado, **qui**tar   **gui**so, ju**gue**te   a**güe**ro, a**güi**ta

Puedes usar las partes de las palabras como ayuda para deletrear.

Practica escribir las palabras de esta semana.

Responde las preguntas y completa las oraciones.

1. ¿Cómo le dicen a una lengua pequeña?
2. Si no tienes patines, puedes ___ un par.
3. ¿Qué podemos usar para llevar agua a otro lugar?
4. Un ___ es un barco grande con cubierta.
5. Una persona que nace en Nicaragua es ___.
6. ¿Cómo se llama la ciencia que estudia el lenguaje?
7. ¿Qué animal es muy veloz?
8. Mi nueva ___ se la pasa comiendo lechuga.
9. La ___ es una ciencia muy difícil.
10. ¿Qué palabra significa "seguir"?

Escribe las palabras.

Escribe las palabras de ortografía en una hoja aparte. Usa tu conocimiento de las partes de las palabras como ayuda. Luego escribe una oración con cada palabra para demostrar que sabes lo que significa.

Lección 23

En esta lección, aprenderás más palabras con las sílabas ***que, qui, gue, gui, güe*** y ***güi,*** como ***queja, esquina, tragué, guisante, desagüe*** y ***enagüita.***

Lee las palabras de ortografía y las oraciones.

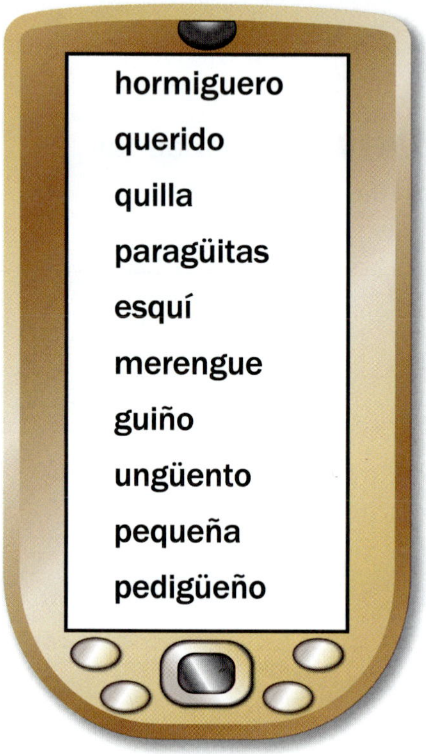

1. Vimos un enorme oso ***hormiguero*** en el zoológico.
2. ¡Me encanta escribir cartas a mi ***querido*** abuelo!
3. La ***quilla*** es la columna vertebral de un barco.
4. Como hoy llueve, llevaré mi ***paragüitas*** con flores.
5. Practico ***esquí*** todos los inviernos.
6. Mi hermanito sólo comió el ***merengue*** del pastel.
7. Me hizo un ***guiño*** con el ojo y sonrió.
8. Mamá me untó un ***ungüento*** sobre la herida.
9. Esta escuela es ***pequeña*** y tiene pocos alumnos.
10. Lucas siempre pide algo más, es muy ***pedigüeño.***

Clasifica las palabras de ortografía en seis grupos. Piensa en las sílabas que tienen en común las palabras de ortografía. Clasifícalas en seis grupos. Luego responde las siguientes preguntas para recordar las reglas ortográficas.

- ¿Cómo clasificaste las palabras?
- ¿Qué vocales se pueden escribir después de *qu, gu* o *gü*?

Aprende la regla ortográfica.

Las únicas vocales que pueden aparecer después de ***qu, gu*** y ***gü*** son la ***e*** y la ***i.*** Recuerda que la *u* no se pronuncia después de *qu* y *gu,* pero sí se pronuncia cuando tiene diéresis en las sílabas *güe* y *güi.* En las sílabas *gue/gui* y *güe/güi,* la *g* tiene sonido suave.

queja, es**qui**na   tra**gué**, **gui**sante   desa**güe**, ena**güi**ta

Puedes usar la división de sílabas y el silabeo como ayuda para deletrear.

Practica escribir las palabras de esta semana.

Responde las preguntas y completa las oraciones.

1. ¿Qué palabra rima con "silla"?
2. ¡Mira esas hormigas! Están yendo a su ___.
3. ¿Cómo se llama una persona que siempre pide cosas?
4. Esa silla es muy ___, no cabes.
5. ¿Cuál es un sinónimo de *pomada*?
6. Lo contrario de "odiado" es ___.
7. ¿Qué palabra nombra un deporte de nieve?
8. Mis pasteles preferidos son los que tienen ___ y crema.
9. Con mis amigos hacemos un ___ cuando nos vemos.
10. ¿Cuál de las palabras nombra un paraguas pequeño?

Escribe las palabras.

Escribe las palabras de ortografía en una hoja aparte y sepáralas en sílabas. Usa tu conocimiento de la división de sílabas y el silabeo como ayuda. Luego escribe una oración con cada palabra para demostrar que sabes lo que significa.

Lección 24

En esta lección, aprenderás a deletrear correctamente palabras que tienen el ***mismo sonido representado por diferentes letras,*** como por ejemplo: ***río*** y ***arriba; gigante*** y ***jirafa;*** o ***casa, kilo*** y ***quince.***

Lee las palabras de ortografía y las oraciones.

urraca/reúne
ballena/ayer
imagen/tejado
jardín/magia
koala/escoba
bello/viento
cerca/esperanza
Oaxaca/juntos
ley/isla
acercaba/casa/xilófono

1. La gente se ***reúne*** aquí para festejar.
2. **Ayer** vimos otra ***ballena*** blanca en el mar.
3. Apareció una ***imagen*** extraña en la pantalla.
4. Juan está aprendiendo trucos de ***magia.***
5. La bruja volaba en una ***escoba.***
6. Era un ***bello*** día con un suave ***viento.***
7. Tenía la ***esperanza*** de encontrar mi anillo.
8. Todos mis tíos decidieron viajar a ***Oaxaca juntos.***
9. Una ***ley*** protege los bosques de la ***isla.***
10. Raúl tocaba una melodía en el ***xilófono.***

Clasifica las palabras de ortografía en grupos.

Identifica qué sonido tienen en común las palabras y observa con qué letras se representa. Clasifica las palabras según los sonidos que tienen en común. Luego responde las siguientes preguntas para recordar las reglas ortográficas.

- ¿Qué pares o tríos de letras tienen el mismo sonido?
- En estas palabras, ¿cuándo la letra *c* suena igual que la *s* o la *z*? ¿Cuándo tiene otro sonido?

Aprende la regla ortográfica.

Las palabras de esta semana comparten algunos **sonidos representados por diferentes letras.** Existen patrones que serán de ayuda para aprender a escribir algunas palabras. Por ejemplo, la *r* al principio de una palabra tiene el mismo sonido fuerte que la *rr* entre vocales. La *g* tiene el mismo sonido fuerte que la *j* cuando está delante de *i* o *e*. La *c* tiene el mismo sonido que la *k* cuando está delante de *a*, *o* y *u*.

Sonido fuerte de la *r*	Sonido fuerte de la *g* y la *j*	Sonido de la *c*, *k* y *q*
río	**g**igante	**c**asa
a**rr**iba	**j**irafa	**k**ilo
		quince

Recuerda que no siempre hay patrones fijos y debes recordar la ortografía de cada palabra para deletrearla correctamente.

Practica escribir las palabras de esta semana.

Responde las preguntas y completa las oraciones.

1. ¿Qué hacen los magos?
2. ___ es un estado de México.
3. ¿Qué animal es de Australia y parece un osito?
4. Nunca hay que perder la ___.
5. ¿En qué parte de la casa se plantan flores?
6. La tormenta se ___, así que entramos a la casa.
7. ¿Qué usamos para barrer el piso?
8. Ese gato gris siempre camina sobre el ___.
9. Una valla que rodea un terreno es una ___.
10. ¿Cuál de las palabras menciona un ave?

Escribe las palabras.

Escribe las palabras de ortografía en una hoja aparte. Luego escribe una oración con cada palabra para demostrar que sabes lo que significa.

TEKS 3.24A(vi)

Lección 25

En esta lección, aprenderás a escribir correctamente palabras con ***nv, mb*** y ***mp,*** como ***invitación, cambiar*** o ***comprar.***

Lee las palabras de ortografía y las oraciones.

1. María ***envidia*** el largo cabello de Clara.
2. Un ***campesino*** nos explicó las tareas del campo.
3. Anoche vimos una película sobre un hombre ***invisible.***
4. El perro está descansando bajo la ***sombra*** del árbol.
5. Las cometas tienen la forma de un ***rombo.***
6. Si ***completo*** la tarea, podré ver mi programa favorito.
7. El ***temblor*** hizo que se cayeran algunos cuadros.
8. Terminé de ***envolver*** el regalo para mi amigo.
9. Encontramos un ***ciempiés*** que caminaba por el césped.
10. No me gusta jugar con personas que hacen ***trampa.***

Clasifica las palabras de ortografía en tres grupos.

Piensa en las combinaciones de consonantes con *m* y con *n* en las palabras de ortografía. Clasifícalas en tres grupos. Luego responde las siguientes preguntas para recordar las reglas ortográficas.

- ¿Cómo agrupaste las palabras?
- ¿Qué letra aparece siempre antes de la *v* en estas palabras? ¿Antes de la *p*? ¿Y antes de la *b*?

Aprende la regla ortográfica.

Las palabras de esta semana responden a las siguientes reglas ortográficas: antes de ***v,*** va siempre ***n;*** por otro lado, antes de ***b*** o ***p,*** va siempre ***m.***

nv	***mb***	***mp***
in**v**itación	ca**mb**iar	co**mp**rar

Piensa en las palabras de arriba. ***Invitación*** se escribe con ***v,*** por lo tanto antes lleva una ***n. Cambiar*** se escribe con ***b,*** por lo tanto antes lleva una ***m.*** Antes de la ***p*** de ***comprar*** se escribe una ***m.***

Practica escribir las palabras de esta semana.

Responde las preguntas y completa las oraciones.

1. ¿Qué animal tiene muchas patas?
2. Un ___ es una figura de cuatro lados.
3. No debemos sentir ___ de lo que tienen los otros.
4. ¡No espíes! Eso es ___.
5. ¿Cómo se llama algo que no podemos ver?
6. Quiero ___ el regalo con ese papel con flores.
7. ¿Quién vive y trabaja en el campo?
8. La maestra me felicitó porque mi cuaderno estaba ___.
9. ¿Cómo se llama cuando tiembla el suelo?
10. ¿Qué palabra rima con "alfombra"?

Escribe las palabras.

Escribe las palabras de ortografía en una hoja aparte. Luego escribe una oración con cada palabra para demostrar que sabes lo que significa.

Lección 26

En esta lección, aprenderás a deletrear con mayor precisión palabras que contengan ***combinaciones de consonantes,*** como ***gr*** en ***gracioso*** y ***cl*** en ***claridad.***

Lee las palabras de ortografía y las oraciones.

- clara
- regreso
- plaza
- crema
- vinagre
- cliente
- escrito
- posible
- tablero
- contemplando

1. No me gusta comer la ***clara*** del huevo.
2. ***Regreso*** en auto con el padre de Juan.
3. En verano vamos a la ***plaza*** a jugar al fútbol.
4. Me pusieron una ***crema*** para quemaduras en el brazo.
5. Mi mamá no le pone ***vinagre*** a la ensalada.
6. Ese señor es ***cliente*** de la empresa de papá.
7. La maestra quiso ver lo que había ***escrito.***
8. Es ***posible*** que Pablo venga mañana a estudiar.
9. Ayer mi hermana rompió el ***tablero*** de ajedrez.
10. María está ***contemplando*** las estrellas.

Clasifica las palabras de ortografía en cinco grupos.

Observa cómo se escriben las palabras de ortografía y busca una regla que te permita clasificarlas en grupos.

- ¿Cómo clasificaste las palabras?
- Piensa en otros ejemplos de palabras con combinaciones de consonantes y escríbelos en una hoja. Utiliza fuentes impresas o electrónicas (diccionarios, glosarios, manuales) para encontrar cómo se escriben esas palabras y verificar que las has escrito correctamente.

Aprende **la regla ortográfica.**

Las palabras de esta semana tienen estas **combinaciones de consonantes: *gr, cr, bl, pl, cl.*** Los sonidos que representan estas combinaciones siempre se escriben de la misma forma. Observa además que estas combinaciones pueden aparecer tanto al comienzo de una palabra como en el medio.

cl	*gr*
claridad	**gr**acioso

Piensa en los ejemplos de arriba. La palabra ***claridad*** contiene la combinación de consonantes ***cl.*** La palabra ***gracioso*** contiene la combinación de consonantes ***gr.***

Practica **escribir las palabras de esta semana.** Responde las preguntas y completa las oraciones.

1. ¿Qué palabra rima con “taza”?
2. ¿Cómo se llama la parte blanca del huevo?
3. Juan le puso mucho ___ a la ensalada.
4. Marcos dijo que ya estaba de ___ de su viaje.
5. ¿Qué se usa para suavizar la piel?
6. El ___ de ajedrez es blanco y negro.
7. ¿Cómo llamas a quien compra en una tienda?
8. ¿Cuál es el opuesto de “imposible”?
9. Marta está ___ el atardecer.
10. Un niño había ___ una historia fantástica.

Escribe **las palabras.** Escribe las palabras de ortografía en una hoja aparte. Luego escribe una oración con cada palabra para demostrar que sabes lo que significa.

Lección 27

En esta lección, aprenderás más ***plurales*** de palabras que terminan con *z*. Por ejemplo, los plurales de ***doblez*** y ***antifaz*** son ***dobleces*** y ***antifaces.***

Lee las palabras de ortografía y las oraciones.

rapaz/rapaces
paz/paces
andaluz/andaluces
feliz/felices
arroz/arroces
nariz/narices
hoz/hoces
avestruz/avestruces
cicatriz/cicatrices
emperatriz/emperatrices

1. Aprendimos sobre aves ***rapaces*** en la clase de ciencias.
2. La maestra nos dijo que hiciéramos las ***paces.***
3. Mis bisabuelos eran ***andaluces,*** de un pueblito de Cádiz.
4. Cuando nos dieron la noticia nos pusimos ***felices.***
5. Me gustan todos los tipos de ***arroces*** que existen.
6. Se dieron un buen golpe en las ***narices.***
7. En la granja nos permitieron jugar con ***hoces*** desafiladas.
8. Ayer nos llevaron al zoológico y vimos ***avestruces.***
9. Mi abuelo tiene muchas ***cicatrices*** porque fue soldado.
10. En otras épocas hubo muchas ***emperatrices*** en el mundo.

Clasifica las palabras de ortografía en cuatro grupos. Piensa en la cantidad de sílabas que tienen las palabras de ortografía en singular y en plural. Clasifica las palabras. Responde las siguientes preguntas para descubrir qué sucede con estos plurales.

- ¿Cómo clasificaste las palabras?
- ¿Qué sucede con el acento prosódico en estas palabras cuando se forma el plural?

Aprende la regla ortográfica.

Para formar el **plural de palabras que terminan con *z*,** la ***z*** debe reemplazarse con ***c*** y agregar ***-es*** al final de la palabra. Cuando formes el plural de este tipo de palabras, presta atención a la acentuación, ya que al agregar una sílaba (***-ces***), muchas palabras que eran agudas pasan a ser graves.

Plurales *-ces*

doblez - dobleces

antifaz - antifaces

Piensa en las palabras de arriba. En las palabras ***doblez*** y ***antifaz,*** la ***z*** se reemplaza con una ***c*** y se agrega ***-es*** al final. Así, se forman las palabras ***dobleces*** y ***antifaces***. Al formar el plural, las palabras que eran agudas en singular, se vuelven graves, ya que el acento prosódico cae en la penúltima sílaba.

Practica escribir las palabras de esta semana.

Responde las preguntas y completa las oraciones.

1. ¿Cómo se les dice a las personas de Andalucía?
2. En la granja usan ___ para cortar los cultivos.
3. Las heridas le dejaron ___.
4. ¿Cuáles son las aves que no pueden volar?
5. ¿Qué usan las personas para oler?
6. Las aves ___ son carnívoras.
7. ¿Cuál es el opuesto de "tristes"?
8. Las ___ son las mujeres de los emperadores.
9. ¿Qué palabra suena igual que "pases"?
10. En Asia, se comen diferentes tipos de ___.

Escribe las palabras.

Escribe las palabras de ortografía en una hoja aparte. Luego escribe una oración con cada palabra para demostrar que sabes lo que significa.

TEKS 3.24E(i-ii), 3.24F

Lección 28

En esta lección, aprenderás a escribir más palabras ***agudas,*** como ***ciudad*** o ***corazón; graves,*** como ***parque*** o ***árbol;*** y ***esdrújulas,*** como ***árboles*** o ***brújula,*** y a utilizar los acentos ortográficos cuando corresponde.

Lee las palabras de ortografía y las oraciones.

cáscara
consejo
lindero
cayó
parcela
básquetbol
saludó
nacional
láminas
semáforo

1. La ***cáscara*** de la naranja es muy agria.
2. Mi abuela me dio el mejor ***consejo,*** como siempre.
3. El árbol del terreno ***lindero*** creció mucho últimamente.
4. Laura se ***cayó*** por las escaleras de la escuela.
5. Mi tío compró una ***parcela*** cerca de la playa.
6. Los niños siempre juegan al ***básquetbol*** en el parque.
7. María me ***saludó*** esta mañana en el autobús.
8. Hoy aprendimos la historia de la bandera ***nacional.***
9. Debemos entregar tres ***láminas*** en la clase de dibujo.
10. El conductor casi pasa un ***semáforo*** en rojo.

Clasifica las palabras de ortografía en tres grupos.

Piensa en dónde cae el acento, ortográfico o prosódico, en cada una de las palabras de ortografía. Clasifícalas en tres grupos. Luego responde las siguientes preguntas para descubrir las reglas ortográficas.

- ¿Cómo clasificaste las palabras?
- ¿Qué palabras agudas, graves y esdrújulas llevan acento ortográfico?

Aprende la regla ortográfica.

Las **palabras agudas** llevan acento ortográfico cuando terminan en ***n*, *s*** o **vocal;** las **graves no** llevan acento ortográfico cuando terminan en ***n*, *s*** o **vocal;** las **esdrújulas siempre** llevan acento ortográfico.

Palabras agudas	*Palabras graves*	*Palabras esdrújulas*
ciu**dad**, cora**zón**	**par**que, **ár**bol	**ár**boles, **brú**jula

Piensa en las palabras de arriba. La palabra ***ciudad*** es aguda y no termina en *n*, *s* o vocal, por lo tanto, no lleva acento ortográfico. La palabra ***corazón*** es aguda y termina en *n*, entonces lleva acento ortográfico. La palabra ***parque*** es grave y no lleva acento ortográfico porque termina en vocal. La palabra ***árbol*** también es grave, pero como no termina en *n*, *s* o vocal, lleva acento ortográfico. Las palabras ***árboles*** y ***brújula*** son esdrújulas, por lo tanto, llevan acento ortográfico.

Practica separar en sílabas las palabras de esta semana.

Responde las preguntas y completa las oraciones.

1. ¿Qué palabra rima con "sendero"?
2. ¿Qué le quitas a las bananas para comerlas?
3. Hay que dibujar tres ___ para mañana.
4. Este es un parque ___, está especialmente protegido.
5. ¿Qué aparato regula el tránsito de automóviles?
6. Elena me ___ con un beso y un abrazo.
7. ¿En qué juego se encesta una pelota en un aro?
8. No entiendo por qué me dio ese ___.
9. Marcela se ___ a la piscina y tragó un poco de agua.
10. ¿Cómo se llama a una porción de terreno?

Escribe las palabras. Escribe las palabras de ortografía en una hoja aparte. Luego escribe una oración con cada palabra para demostrar que sabes lo que significa.

TEKS 3.24H, 3.24J

Lección 29

En esta lección, aprenderás a poner acentos en las palabras más comunes que se utilizan para ***formar preguntas o expresar exclamaciones,*** como ***qué*** y ***cuándo,*** y al conjugar ***verbos*** en el pretérito, el imperfecto, el condicional y el futuro, como ***salí, había, tendría*** y ***comerán.***

Lee las palabras de ortografía y las oraciones.

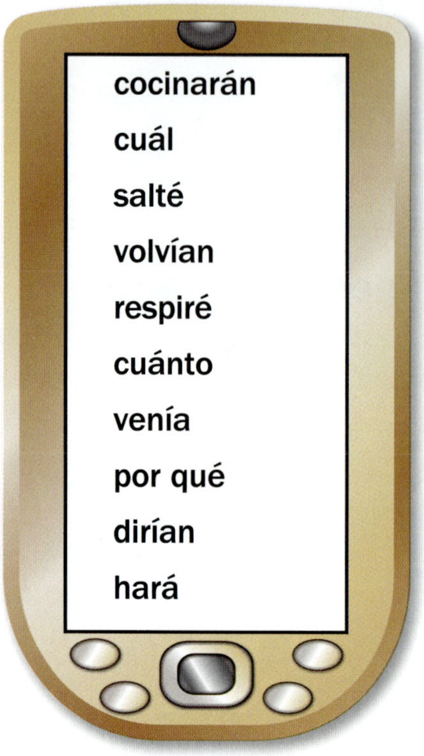

1. Mis abuelas ***cocinarán*** unas ricas pastas esta Navidad.
2. ¿***Cuál*** de todos esos libros leíste el mes pasado?
3. Anoche ***salté*** de la cama porque tuve una pesadilla.
4. Siempre ***volvían*** cansados de la clase de gimnasia.
5. Cuando supe que estaba a salvo, ***respiré*** tranquila.
6. ¡***Cuánto*** tardaste en llegar! ¿Te pasó algo?
7. Creo que ***venía*** a cenar Luis con la novia.
8. ¿***Por qué*** llegaste tarde a la escuela ayer?
9. Si supieran lo que significa, te lo ***dirían.***
10. Mi tío ***hará*** un viaje por la India.

Clasifica las palabras de ortografía en dos grupos.

Observa que algunas de estas palabras se usan para hacer preguntas o expresar exclamaciones y que otras indican una acción. Clasifica las palabras en dos grupos. Luego responde las preguntas para recordar la regla ortográfica.

- ¿Cómo clasificaste las palabras?
- ¿Qué tienen en común todas estas palabras?

Aprende la regla ortográfica.

Las palabras más comunes que se utilizan para **hacer preguntas o expresar exclamaciones** llevan acento ortográfico.

Muchos verbos en **pretérito** en la primera y la tercera persona del singular se acentúan en la última sílaba. En **imperfecto,** los verbos terminados en *-ar* llevan acento ortográfico en la primera persona del plural en la antepenúltima sílaba y los verbos terminados en *-er* e *–ir* llevan acento ortográfico en las terminaciones *-ía, -ías, -íamos, -ían.* En **condicional,** las terminaciones *-ía, -ías, -íamos, -ían* siempre llevan acento ortográfico. En **futuro** todas las personas, excepto la primera persona del plural, se acentúan en la última sílaba.

¡Qué calor hace!
¿Cuándo llegaste a casa?

salí
había
tendría
comerán

Practica escribir las palabras de esta semana.

Responde las preguntas y completa las oraciones.

1. ___ la cuerda treinta veces seguidas.
2. Ella ___ a jugar a casa todos los días.
3. ¿Qué harán si cocinan mañana?
4. ¿___ no me llamaste?
5. ¿___ de estos vestidos te queda bien?
6. Si inhalé y exhalé, ¿qué hice?
7. ¿Qué palabra significa lo mismo que "regresaban"?
8. Me dijo que lo ___ mañana.
9. ¿Cuál es el condicional del verbo "decir"?
10. ¿Qué palabra se usa para preguntar por una cantidad?

Escribe las palabras.

Escribe las palabras de ortografía en una hoja aparte. Luego escribe una oración con cada palabra para demostrar que sabes lo que significa.

Lección 30

En esta lección, aprenderás más palabras con ***hiato,*** como ***hacía*** o ***creer,*** y con ***diptongo,*** como ***hacia,*** y a distinguir el significado o la función de una palabra basada en el ***acento diacrítico,*** como ***se/sé.***

Lee las palabras de ortografía y las oraciones.

solo/sólo
frío
mas/más
cueva
vivía
nieta
aun/aún
agua
maíz
si/sí

1. ***Sólo*** un hombre actuaba en esa obra de teatro.
2. Pasé muchísimo ***frío*** el día que fuimos allí.
3. Le dijeron que no, ***mas*** salió de todas formas.
4. Los osos hibernan en una ***cueva*** en el bosque.
5. Hace tres años, Marcos ***vivía*** en otro país.
6. Una abuela siempre enseña cosas nuevas a su ***nieta.***
7. Mi tía ***aún*** vive en la misma casa.
8. Mario bebió muchísima ***agua*** después de la carrera.
9. En esos campos se cultivan trigo y ***maíz.***
10. ***Si*** tuvieses ganas de divertirte, dirías que ***sí.***

Clasifica las palabras de ortografía en tres grupos.

Observa las palabras de ortografía y busca una característica que te permita clasificarlas en tres grupos. Luego responde las siguientes preguntas para descubrir la regla ortográfica para escribir las palabras correctamente.

- ¿Cómo clasificaste las palabras?
- ¿Qué característica tienen las palabras de ortografía con hiato?

Aprende la regla ortográfica.

En español hay vocales abiertas (*a, e, o*) y vocales cerradas (*i, u*). Cuando se unen en la misma sílaba dos vocales cerradas, una abierta y una cerrada o una cerrada y una abierta, se produce **diptongo.**

Cuando se unen dos vocales abiertas, cuando la vocal cerrada lleva acento o cuando se repite una vocal cerrada con acento ortográfico o sin él, se produce **hiato** y cada vocal forma parte de una sílaba distinta.

El **acento diacrítico** se usa para distinguir el significado o la función de dos palabras que se escriben igual.

Diptongo	*Hiato*	*Acento diacrítico*
ha-c**ia**	ha-c**í-a**, cr**e-e**r	**Se** lo di a papá. No **sé** dónde lo puso.

Practica separar en sílabas las palabras de esta semana.

Responde las preguntas y completa las oraciones.

1. ¿Cuál es el opuesto de “calor”?
2. Pedro ___ cerca de mi casa.
3. ¿Cómo llamas a la hija de tu hija?
4. Ayer vimos un oso que dormía en su ___.
5. ¿Qué bebes cuando tienes sed?
6. ¿Qué palabra significa lo mismo que “incluso”?
7. ¿Cómo estás cuando no tienes compañía?
8. El ___ crece en mazorcas.
9. ___ quieres, podemos tomar un helado.
10. No quiero jugar ___ a este juego.

Escribe las palabras.

Escribe las palabras de ortografía en una hoja aparte. Luego escribe una oración con cada palabra para demostrar que sabes lo que significa.